外研社海外中文学校系列教材

Fun with Chinese
新启蒙汉语

牟岭　　　李戎真　　　陈旻　　　刘凡　　编著
Ling Mu　　Rongzhen Li　　Min Chen　　Fan Liu

第四级　下册
Level 4　Volume 2

bān jí
班 级 (class) _____

xìng míng
姓 名 (name) _____

练习册
Workbook
A

外语教学与研究出版社
FOREIGN LANGUAGE TEACHING AND RESEARCH PRESS
北京　BEIJING

图书在版编目(CIP)数据

新启蒙汉语第四级下册练习册＝Fun with Chinese Level 4 Volume 2 Workbook. A / 牟岭等编著. — 北京：外语教学与研究出版社，2010.6
(外研社海外中文学校系列教材)
ISBN 978-7-5600-9713-8

Ⅰ. ①新… Ⅱ. ①牟… Ⅲ. ①汉语－对外汉语教学－习题 Ⅳ. ①H195.4

中国版本图书馆CIP数据核字(2010)第106716号

出 版 人：于春迟
责 任 编 辑：许　杨
封 面 设 计：袁　璐
插 图 绘 制：北京水长流文化发展有限公司
出 版 发 行：外语教学与研究出版社
社　　　址：北京市西三环北路19号(100089)
网　　　址：http://www.fltrp.com
印　　　刷：北京华联印刷有限公司
开　　　本：889×1194　1/16
印　　　张：2.75
版　　　次：2010年7月第1版　2010年7月第1次印刷
书　　　号：ISBN 978-7-5600-9713-8
定　　　价：47.00元
　　　　　　$7.00 U.S.
　　　　　　(练习册A+练习册B+MP3光盘一张)
＊　＊　＊
如有印刷、装订质量问题，请与出版社联系
联系电话：(010)61207896　电子邮箱：zhijian@fltrp.com
制售盗版必究　举报查实奖励
版权保护办公室举报电话：(010)88817519
物料号：197130001

前言

《新启蒙汉语》每册课本配有两本练习册，目的是在课堂练习的基础上，给学生提供更多的课外练习机会，帮助学生复习巩固拼音、生字、句段以及与课文有关的内容。

《新启蒙汉语》练习册分为A、B本。单数课的练习放在练习册A中，双数课的练习放在练习册B中。A、B本交替使用，保证每课的作业批改和完成不被中断。

练习册的主要板块有"熟读课文"、"读一读，连一连"、"写拼音，写汉字"等。练习注重家长的参与，通过"妈妈问，我来答"等环节来实现孩子与家长的互动，因为课堂上短短的几个小时是不够的。家长扮演好辅导老师的角色，与孩子在生活中尽可能多地练习汉语，才能真正帮助孩子掌握这门语言。练习也注重贴近孩子的生活，每一课的短文多为编者原创，内容来源于孩子的实际生活，比如学校生活、参加海外华人社团的各种活动等。编写时充分考虑到孩子的认知特点。练习还注重反复操练课文中重点生字的读音和书写，因为频繁接触同一种语言材料能够加深理解和记忆。

各种练习形式和内容均是编者多年从事海外华裔孩子教学的经验所得。不过，由于编者经验有限，练习册中难免有疏漏不当之处，欢迎读者批评指正。

如需订购教材或获取更多有关《新启蒙汉语》系列教材的详细信息（比如教师指导手册、生字卡、拼音卡等资料），请登录 www.NewChineseBooks.com。

编者
2010年5月

Preface

Aside from the main textbook, *Fun with Chinese* has two separate workbooks, which are designed to help reinforce what students have learned in class through profuse exercises.

The workbooks appear in two volumes, Workbook A and Workbook B, alternatively for every week so that teachers can conveniently collect and return homework on a weekly basis without disrupting the process.

The workbooks feature resourceful exercises, including reading-aloud practices, and Pinyin practices, to name some typical types.By providing a forum of "Questions and Answers" when parents play the role of tutors who read with their kids and ask them to retell stories, all the exercises will encourage close interactions between patents and children at home. We believe that young students can hardly sustain their language acquisition without active involvement of parents at home, who, in the end, are the most important teachers for their kids' success at the language.

Both the content and form of the exercises follow the principle of selecting common topics and subjects in children's daily life, such as names of common objects at home, daily activities at school, or frequent social outings within varied cultural contexts typical of the overseas Chinese communities.

Most of the texts in the workbooks, including children's ballads, stories, and sentences, were composed by authors themselves, according to children's learning habits, with a purpose to motivate students to describe things that they are already familiar with and to express ideas. Systematic reoccurence of characters and expressions in the workbooks help students to learn better through frequent exposures to the same vocabulary in diverse contexts.

We have done our best to make the new textbooks comprehensive and efficient for children in overseas Chinese schools, but we are sure there still must be something missing in the project. We would be grateful to get feedbacks and suggestions from all users.

To make an order or for more information about *Fun with Chinese*, please go to www. NewChineseBooks.com.

Compilers

May, 2010

练习册A

第七单元　圣诞快乐
Unit 7　Merry Christmas

第一课　漂亮的圣诞树　6
Lesson 1　A Beautiful Christmas Tree

第八单元　回中国过春节
Unit 8　Celebrating the Spring Festival in China

第一课　春节真好玩　12
Lesson 1　How Fun is the Spring Festival

第九单元　爸爸妈妈的节日
Unit 9　Mother's Day and Father's Day

第一课　给妈妈的礼物　18
Lesson 1　A Gift for My Mom

第十单元　爷爷奶奶来美国了
Unit 10　Grandpa and Grandma Come to America

第一课　爷爷奶奶喜欢美国　24
Lesson 1　Grandpa and Grandma Like America

第十一单元　在美国的饭馆吃饭
Unit 11　Eating at an American Restaurant

第一课　尝尝美国的中国菜　30
Lesson 1　Chinese Food in America

第十二单元　森林里的朋友
Unit 12　Forest Friends

第一课　跟老虎握手　36
Lesson 1　Shaking Hands with a Tiger

第七单元 圣诞快乐

第一课　漂亮的圣诞树

Lesson 1　A Beautiful Christmas Tree

shú dú kè wén
1 熟读课文

在所有的节日中，小明最喜欢过的节日是圣诞节。

每年圣诞节快到的时候，家家的房子都变得特别漂亮。有些人家在房子外面挂上彩带，也有人在家门口、窗户外挂上亮闪闪的彩灯。小明的爸爸妈妈会买一棵圣诞树，然后在圣诞树上挂上各种颜色的小球，五颜六色的灯，还有他和哥哥小时候的照片，漂亮极了！

圣诞树下面放满了礼物，有给小明的礼物，也有给哥哥的礼物，还有小明和哥哥给爸爸妈妈的卡片和礼物。壁炉前挂着两双大袜子，妈妈说，每年圣诞节前夜，圣诞老人都会从天上下来，给孩子们送礼物。他会在孩子们睡觉的时候，从烟囱里进来，把礼物放在大袜子里。小明很高兴，不过也有点好奇：今年圣诞老人会给他带来什么礼物呢？

今年圣诞节前，小明在学校里给爸爸妈妈准备了一个特别的礼物，是老师教他做的圣诞卡。上面有他画的画，也有他自己写的汉字：祝爸爸妈妈圣诞节快乐！

mā ma wèn　wǒ lái dá
◆ 妈妈问，我来答

①小明今年送给爸爸妈妈什么礼物？
②你最想要的圣诞礼物是什么？

zuò pàn duàn
◆ 做判断

（😊😞）小明知道圣诞老人今年会给他带来什么礼物。
（😊😞）圣诞树下只有小明和哥哥的礼物。
（😊😞）小明给妈妈买了一个很好的礼物。

Unit 7　Merry Christmas

2 读一读，连一连
dú yi dú　lián yi lián

a.

① 亮闪闪的圣诞树

② 圣诞树下的礼物

b.

③ 圣诞老人

④ 壁炉前的大袜子

c.

⑤ 圣诞卡

⑥ 在窗户上挂彩灯

d.

⑦ 在圣诞树上挂彩球

e.

f.

g.

dú yi dú　lián yi lián
读一读，连一连

a.

b.

c.

d.

① 我们家的圣诞树上挂满了五颜六色的彩球和彩灯。

② 圣诞老人背着一个大袋子，从烟囱里下来。

③ 我送哥哥一包巧克力，他送我一张圣诞卡。

④ 小明睡觉的时候，圣诞老人来了。

⑤ 圣诞节前一天晚上，我看了三个小时的电视。

⑥ 我给妈妈准备的礼物是我自己做的圣诞贺卡！

e.

f.

读一读，连一连

①妈妈说，等我再大一点就＿＿＿＿＿我做中国饭。
②在＿＿＿＿的动画片中，我最喜欢《恐龙和老虎》。
③老虎会开车吗？小明觉得很＿＿＿＿＿。
④我们家的窗户上挂上了亮闪闪的彩灯，＿＿＿＿＿漂亮。
⑤冬天快到的时候，树上的叶子都没有了，天气也＿＿＿＿＿很冷。
⑥小明的爸爸很喜欢做早饭，他做的早饭也很好吃，＿＿＿＿＿有点甜。

A. 所有
B. 变得
C. 好奇
D. 不过
E. 特别
F. 教

3 写拼音，写汉字

觉（　　）　　　　双（　　）

房（　　）　　　　采（　　）

孩（　　）　　　　前（　　）

常（　　）　　　　汉（　　）

坐（　　）　　　　老（　　）

觉 礼 时 昨 老 国 玩 极 头 点

4 读一读，写一写

☐天小明爸爸的朋友林叔叔到他家来☐，小明的爸爸和林叔叔是☐朋友了，他们在中☐的时候就是朋友。小明的爸爸和林叔叔上大学的☐候还是同学。林叔叔给小明带来一个☐物，是一个电脑游戏。小明高兴☐了。他玩了三个多钟☐的游戏，到了晚上十二☐才睡☐。

◆ 做 判 断

（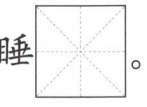）小明很喜欢林叔叔送给他的礼物。
（ ）小明的爸爸和林叔叔在中国的时候不认识。

dú pīn yīn　xiě jù zi
5 读拼音，写句子

会　前　大　好　子　带　很　我　户　一
个　房　有　物　的　礼　人　给　老　面

Fángzi de qiánmian yǒu yí gè hěn dà de chuānghu.

窗 。

Shèngdàn Lǎorén huì dàigěi wǒ yí gè hěn hǎo de lǐwù.

圣诞

。

第八单元　回中国过春节

第一课　春节真好玩

Lesson 1　How Fun is the Spring Festival

shú dú kè wén
1 熟读课文

　　前年，小丽和妈妈一起回中国过年。这是小丽第一次回中国。爸爸开车把她和妈妈送到机场。小丽背了一个小书包，书包里有她的游戏机，妈妈拉着一个手提箱。下午三点钟，她们登上了一架大飞机，上面有很多乘客，都是去中国的。

　　过了一会儿，飞机就起飞了。飞机飞了很长时间才到北京。

　　小丽和妈妈住在爷爷奶奶家，还见到了叔叔和姑姑。中国的春节好像比美国的圣诞节还要热闹。虽然天气很冷，但是街上和商店里都有很多人。小丽常常跑出去跟小朋友们一起玩。中国小朋友教小丽说中文，小丽教他们说英文，大家玩得可高兴了！

　　春节那一天，奶奶做了很多好吃的，有牛肉、鱼、青菜，还有小丽最爱吃的鸡肉饺子。爷爷奶奶、叔叔姑姑还给小丽发了红包，里面有好多钱。爷爷奶奶说，中国人过年都给小孩子红包，小丽想买什么就可以买什么。她高兴极了！

　　那一年春节，小丽在中国过得特别有意思。小丽说："我以后还要再回中国过年。"

mā ma wèn　　wǒ lái dá
◆ 妈妈问，我来答

① 小丽是什么时候回中国过春节的？
② 她以前回过中国吗？
③ 回中国的时候，小丽和妈妈带了什么东西？

zuò pàn duàn
◆ 做判断

（　　）小丽觉得还是在美国过年有意思。

（　　）小丽回中国的时候，跟很多说英语的中国小朋友玩。

（　　）小丽最爱吃的是鱼和青菜。

Unit 8　Celebrating the Spring Festival in China

dú yi dú　lián yi lián
2 读一读，连一连

a.

① 爷爷

② 奶奶

b.

e.

③ 叔叔

④ 姑姑

f.

⑤ 两架大飞机

c.

⑥ 鸡肉饺子

g.

⑦ 游戏机

d.

h.

⑧ 手提箱

13

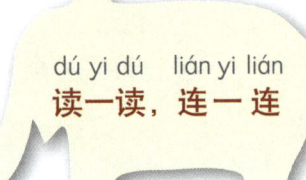
读一读，连一连

a.

b.

c.

① 爸爸开车把小丽和妈妈送到了机场。

② 妈妈拉着一个手提箱，准备登上一架大飞机。

③ 虽然天气很冷，但是街上还是有很多人。

④ 小丽教爷爷说英文，爷爷教小丽说中文。

⑤ 叔叔和姑姑每人给了小丽一个红包。

⑥ 这个饭店不但有青菜，还有牛肉和饺子。

d.

e.

f.

dú yi dú　lián yi lián
读一读，连一连

①在中国过年真_____，商店里到处都是买东西的人。

②虽然学习中文很难，_____我还想学，这样就可以跟爷爷奶奶用中文对话了。

③小花今年五岁，这是她_____跟妈妈回中国过年。

④爸爸_____给在中国的爷爷奶奶打电话。

⑤这架飞机上坐了三百位_____，都是回北京过春节的。

A. 热闹
B. 第一次
C. 但是
D. 常常
E. 乘客

xiě pīn yīn　xiě hàn zì
3 写拼音，写汉字

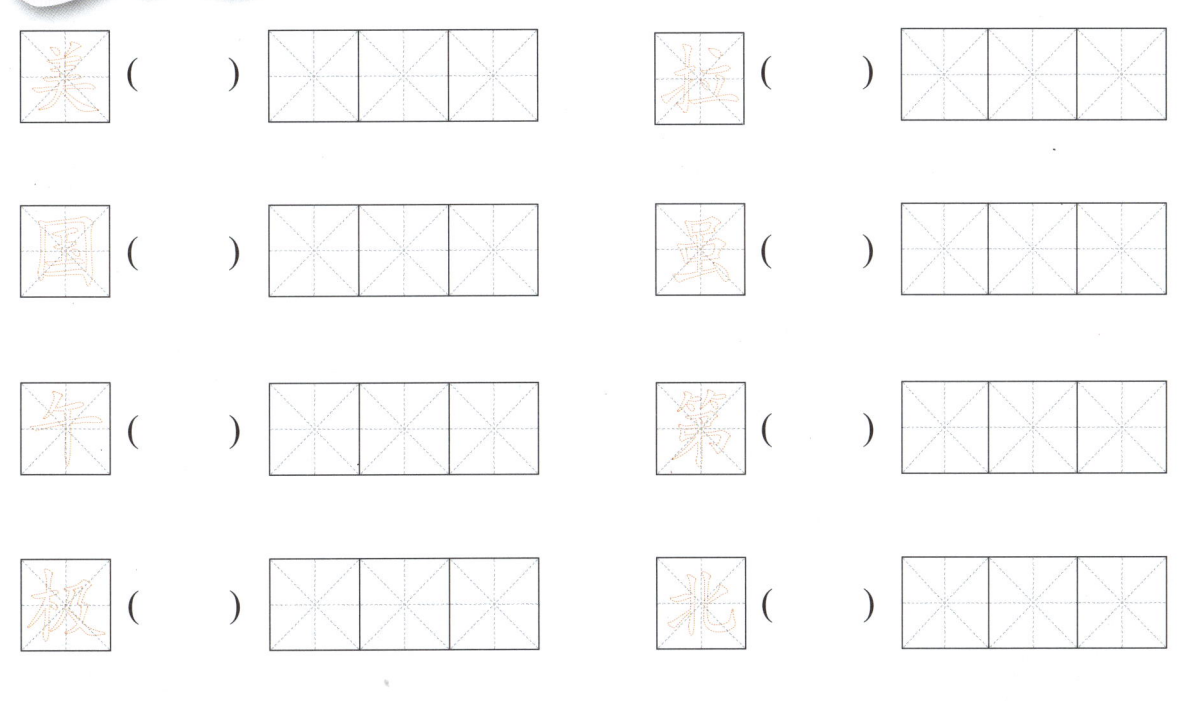

西 到 带 好 这 美 吃 点 有 小 边

4 读一读，写一写

我☐北京的第一天，姑姑就☐我去北京的大商店买东☐了。我发现，中国的商店很大，跟☐国的大商店没有什么两样。商店的旁边，常常☐一些热闹的小街道和马路，这些街道的两☐全都是小吃店，人们把这样的街叫"小吃一条街"。在商店买完东西，我已经有☐饿了。姑姑带我在小吃店吃东西，我☐了好多好多东西。虽然我不知道这些东西的名字，可是我觉得☐些东西吃起来特别香，特别好☐。

◆ 做判断

（☺☹）"小吃一条街"是吃东西的地方。
（☺☹）中国的商店跟美国的商店看起来一样。

5 读拼音，写句子

上 中 了 北 和 商 国 在 大 好
家 店 很 是 极 的 看 美 都

Měiguó hé Zhōngguó dōu shì hěn dà de guójiā.

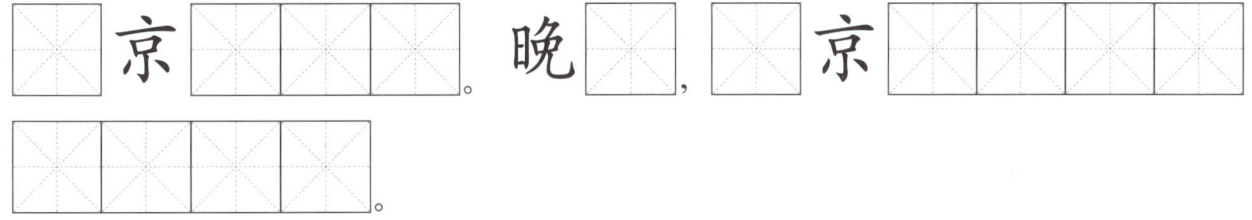
中国 美国

Běijīng zài Zhōngguó. Wǎnshang, Běijīng de dà shāngdiàn hǎokàn jí le.

京 。 晚 ， 京

第九单元　爸爸妈妈的节日

第一课　给妈妈的礼物

Lesson 1　A Gift for My Mom

1 熟读课文 (shú dú kè wén)

昨天是母亲节，爸爸、妈妈和小明一起去商店买东西。

商店里东西很多，人也很多。有很多人都在给妈妈买礼物，有的人买毛衣，有的人买帽子，有的人买卡片，还有的人买鞋子。小明想："他们的妈妈收到礼物的时候，一定会很高兴吧！"

小明小声问爸爸："你打算给妈妈买什么礼物啊？"爸爸说："母亲节是孩子感谢母亲的节日。妈妈把孩子养大很不容易，孩子要买礼物来感谢妈妈，所以，应该是你给妈妈买礼物啊！"

对啊！妈妈每天都要上班。下班的时候已经很累了，可是还要给小明和爸爸做饭、洗衣服。每天晚上睡觉前，妈妈还给小明讲故事呢！小明想："妈妈多爱我啊！我一定要给妈妈买一样她最喜欢的东西！"可是他的钱不够，他就跟爸爸借了十块钱，给妈妈买了一副她早就想买的太阳镜。

妈妈收到礼物的时候非常高兴。她说："真好看啊！我晚上睡觉的时候可不可以也戴着呢？"

◆ 妈妈问，我来答 (mā ma wèn, wǒ lái dá)

①小明给妈妈买了什么礼物？　③你的妈妈是个好妈妈吗？为什么？

②小明为什么要给妈妈买礼物？　④今年母亲节你打算给自己的妈妈买礼物吗？

◆ 做判断 (zuò pàn duàn)

（☺☹）小明用自己的钱给妈妈买了一副太阳镜。

（☺☹）母亲节的时候，妈妈也送给小明一个礼物。

（☺☹）商店里有很多人都在给妈妈买礼物。

Unit 9　Mother's Day and Father's Day

2 读一读，连一连
dú yi dú　lián yi lián

a.

b.

c.

d.

① 黑鞋子

② 白帽子

③ 一副眼镜

④ 听妈妈讲故事

⑤ 跟爸爸借钱

⑥ 给妈妈买礼物

⑦ 去商店买东西

⑧ 给爸爸做卡片

e.

f.

g.

h.

dú yi dú　lián yi lián
读一读，连一连

a.

b.

c.

d.

e.

① 我早上八点就起床了。

② 今天我要去商店给妈妈买礼物，因为今天是母亲节。

③ 商店里的人真多，大家都在给妈妈买礼物。

④ 我给妈妈买了一件红色的毛衣，还买了一个黑色的钱包。

⑤ 我想，妈妈收到礼物一定很高兴。

读一读，连一连

① 我爸爸的眼睛不太好，所以他天天都得戴_____。
② 星期六早上，爸爸妈妈带我去_____买东西。
③ 冬天来了，天气特别冷的时候，你应该戴_____。
④ 奶奶从中国来的时候，给我带来一件红色的_____，暖和极了！
⑤ 母亲节就要到了，你打算送妈妈什么_____？
⑥ 每天晚上睡觉以前，妈妈都给我讲_____。

A. 商店
B. 礼物
C. 帽子
D. 毛衣
E. 故事
F. 眼镜

3 写拼音，写汉字

（　　） 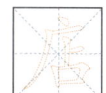（　　）

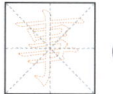（　　）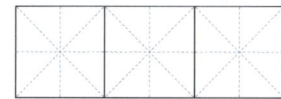 （　　）

（　　） 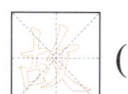（　　）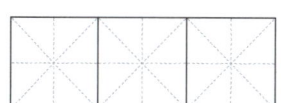

（　　）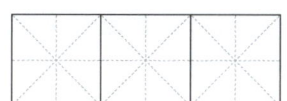 （　　）

4 读一读，写一写

孩 果 小 候 妈 礼 给 买 文 画 她 有 给 母

圣诞节常常是妈妈给☐子买礼物，可是在☐亲节，常常是孩子给妈妈☐礼物。如☐孩子还小，没有钱买礼物，那么孩子可以给妈妈做一个小☐物。小丽每年母亲节都会☐妈妈做一个小礼物，☐时候是她写的母亲节卡片，有时☐是她画的一张 zhāng ☐，每次小丽☐妈妈礼物，妈妈都特别高兴。今年☐送给妈妈的是她用中☐写的小作文。
zuò

◆ 做判断
zuò pàn duàn

（☺☹）今年母亲节，小丽没有给妈妈买礼物。
（☺☹）送给妈妈自己画的画也是很好的礼物。

5 读拼音，写句子 dú pīn yīn xiě jù zi

一	业	个	了	事	作	做	吃	后	听
好	妈	始	子	孩	完	小	开	很	故
明	晚	的	给	讲	饭				

Chīwán wǎnfàn hòu, Xiǎo Míng kāishǐ zuò zuòyè.

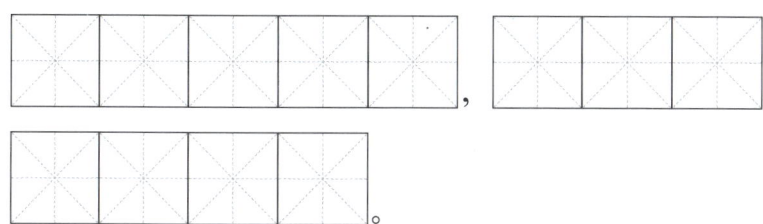

Māma gěi háizi jiǎngle yí gè hěn hǎotīng de gùshi.

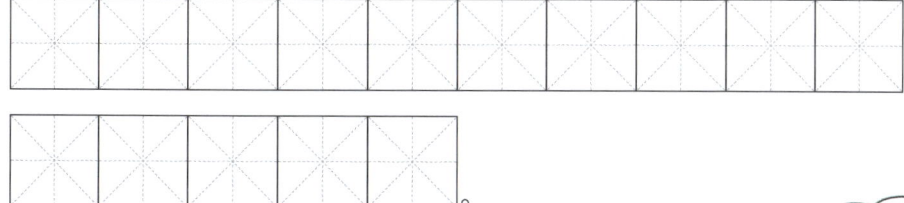

第十单元　爷爷奶奶来美国了

第一课　爷爷奶奶喜欢美国

Lesson 1　Grandpa and Grandma Like America

shú dú kè wén
1 熟读课文

　　上个星期，爷爷奶奶从北京来了！

　　这是他们第一次来美国。小丽和爸爸妈妈到飞机场去接他们。从北京到纽约，得坐十几个小时的飞机。爷爷奶奶年纪大了，他们坐飞机坐得很累，可是也都很高兴。从机场回家的路上，他们不停地问这问那，想多知道一些美国的事情。

　　几天过去了，爷爷奶奶很喜欢美国。他们说，美国房子大，空气也很新鲜。可是他们不会开车，又听不懂英文，所以也觉得不太方便。爸爸为他们装了中文的电视节目，一到周末就带他们出去玩。爷爷奶奶最喜欢到海边去晒太阳。他们说，美国的海边人不多，晒晒太阳游游泳，非常舒服。

　　小丽很喜欢爷爷奶奶。他们每天都给小丽做好吃的中国饭。一有空就教她学中文。爷爷从中国带来很多中文书，晚上睡觉前总给小丽讲故事。小丽放学以后也教爷爷奶奶说一点儿简单的英文。现在，小丽的中文越来越好，爷爷奶奶的英文也越来越好了。

　　小丽跟妈妈说："我真希望爷爷奶奶永远住在这儿！"

mā ma wèn　　wǒ lái dá
◆ **妈妈问，我来答**

①爷爷奶奶的家在美国吗？
②从机场回家的路上，爷爷奶奶睡着了，对吗？
③爷爷奶奶为什么喜欢美国？
④爷爷奶奶会不会说英文？
⑤爷爷奶奶来美国以后，小丽的中文怎么样了？

zuò pàn duàn
◆ **做判断**

（☺☹）爷爷觉得美国海边的人太多了。
（☺☹）爷爷奶奶都很喜欢美国的新鲜空气。
（☺☹）爷爷奶奶也会说一点英文。

Unit 10 Grandpa and Grandma Come to America

dú yi dú　lián yi lián
2 读一读，连一连

a.

b.

c.

① 跟爸爸妈妈去爬山

② 跟爷爷奶奶去
　海边晒太阳

③ 教爷爷说英文

④ 坐飞机回中国

⑤ 全家一起看电视

⑥ 听奶奶讲故事

d.

e.

f.

25

dú yi dú lián yi lián
读一读，连一连

a.

b.

c.

d.

e.

f.

① 小明给妈妈买了一副太阳镜，妈妈非常高兴。

② 我和爸爸妈妈一起去机场接爷爷奶奶。

③ 妈妈睡觉以前会给小丽讲故事。

④ 小丽跟爷爷奶奶一起看中文的电视节目。

⑤ 周末去海边晒晒太阳、游游泳，特别舒服。

⑥ 爷爷从中国带来很多很好看的中文书。

dú yi dú　lián yi lián
读一读，连一连

①小丽上了一年的中文学校，现在能写一些_____的汉字。

②小明一回家，小狗就跟着他，_____地跑来跑去。

③爷爷奶奶_____大了，不能走太长时间的路。

④妈妈说，星期天在家里睡觉_____。

⑤一到_____，爸爸妈妈就带小明和哥哥去海边游泳。

⑥用电脑打字虽然很_____，可是不能学习写汉字。

A. 年纪
B. 不停
C. 简单
D. 周末
E. 方便
F. 舒服

xiě pīn yīn　xiě hàn zì
3 写拼音，写汉字

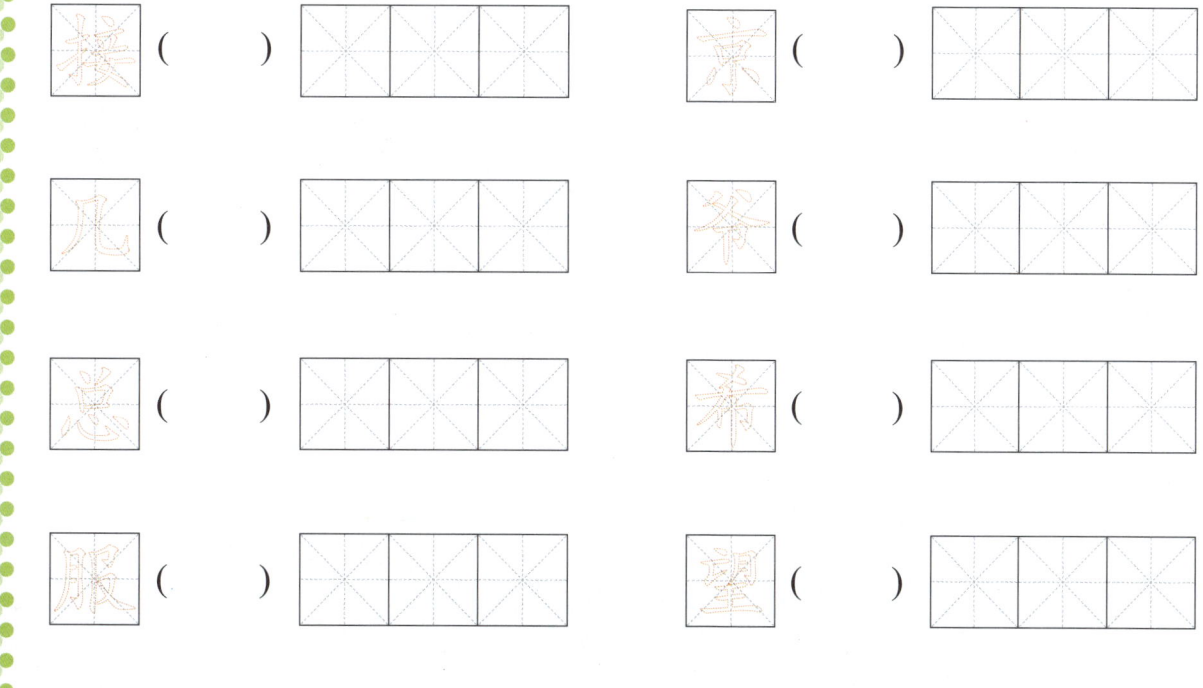

国 飞 爷爷 很 天 次 来 奶妈 开 上 的 雨

4 读一读，写一写

纽约有一个☐大的飞机场，每天都有从中☐来的飞机。两年前，爷爷奶奶从中国来☐时候，就是在纽约的☐机场下的飞机。那一☐，爸爸☐车去机场接爷爷奶奶。爸爸的汽车小，爷爷和☐奶的箱子又大又多，所以爸☐没有让我和妈妈一起去机场。那天，天上下着小☐。我和妈妈在家包饺子。晚☐八点多钟，爸爸的车回☐了，这是我第一☐见到我的爷☐奶☐。

◆ 做判断 zuò pàn duàn

（☺☹）这个小朋友跟爸爸妈妈一起去机场接爷爷奶奶。
（☺☹）爷爷和奶奶是第一次来美国。
（☺☹）爷爷奶奶来的那一天，天在下雨。

中 京 今 北 去 天 希 年 我 教 文
望 每 爷 爸 玩 说

dú pīn yīn　xiě jù zi
5 读拼音，写句子

Yéye xīwàng wǒ jīnnián qù Běijīng wán.

Bàba měi tiān jiāo wǒ shuō Zhōngwén.

中文

第十一单元　在美国的饭馆吃饭

第一课　尝尝美国的中国菜

Lesson 1　Chinese Food in America

shú dú kè wén
1 熟读课文

星期六晚上，小丽一家人常常出去吃饭。

爸爸妈妈喜欢吃日本饭，小丽喜欢吃美国饭。最近，爷爷奶奶从中国来了，爸爸妈妈就常常带他们去中国饭馆吃饭，有时候也去美国饭馆吃饭。爷爷奶奶说，美国的中国饭没有中国本土的饭菜好吃，很多菜吃起来都又酸又甜，跟他们平常在中国吃的菜不一样。爸爸说，这些都是给美国人吃的中国饭，地道的中国饭美国人吃不惯。

爷爷奶奶不太喜欢吃美国饭。他们用不惯刀叉，也不喜欢吃牛排。可是有两家美国饭馆他们很喜欢：一家叫"星期五"，另一家叫"红龙虾"。他们说，虽然它们的饭也不是很好吃，可是饭馆很干净，服务也很好。爷爷奶奶不太习惯给小费，他们说，在中国吃饭是不用给小费的。

出去吃了几次饭以后，爷爷就对奶奶说："你做的饭比饭馆的饭好吃多了，我看咱们可以在美国开饭馆啦！"

小丽说："好啊好啊！爷爷奶奶开饭馆，我们就可以天天去饭馆吃饭啦！"

mā ma wèn　wǒ lái dá
◆ **妈妈问，我来答**

①小丽喜欢吃什么饭？
②小丽的爸爸妈妈喜欢吃什么饭？
③爷爷奶奶喜欢吃什么饭？
④爷爷奶奶最喜欢哪两家美国饭馆？为什么？
⑤你觉得小丽的爷爷奶奶会不会在美国开饭馆？

zuò pàn duàn
◆ **做判断**

（　　）小丽全家常去的一家饭馆叫"红龙虾"。
（　　）爷爷奶奶最喜欢吃美国的牛排。
（　　）美国的中国饭和中国本土的饭菜都很好吃。

Unit 11 Eating at an American Restaurant

2 dú yi dú　lián yi lián
读一读，连一连

a.

① 日本饭

② 中国饭

d.

③ 美国饭

b.

④ 牛排

e.

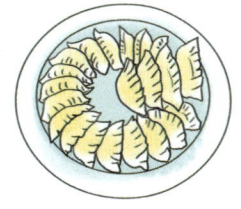

⑤ 刀叉

c.

⑥ 大龙虾

f.

31

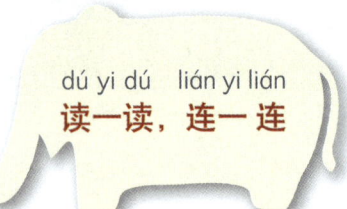

dú yi dú　lián yi lián
读一读，连一连

a.

b.

c.

① 周一到周五，爸爸妈妈上班，我和哥哥上学。

② 周五晚上，我们一家人总是出去吃饭。

③ 有时候吃中国饭，有时候吃日本饭。

④ 星期六上午，爸爸妈妈带我们出去买菜、去书店买书。

d.

⑤ 星期六下午，我去画画，哥哥去滑冰。

⑥ 星期天到了，我们可以玩电脑游戏了！

e.
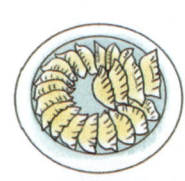
中国饭

日本饭

f.

dú yi dú　lián yi lián
读一读，连一连

① 这家饭馆的饭很好吃，可是_____不太好。

② 妈妈说，吃饭以前应该把手洗_____。

③ 这个人吃饭以后从来不给_____，爸爸说他很小气。

④ 我弟弟昨天用_____吃饺子，笑死我们了。

⑤ 这个菜太甜了，怎么会是_____的东北菜呢？

⑥ 奶奶不_____吃美国的点心，她说太甜了。

A. 地道
B. 服务
C. 干净
D. 习惯
E. 刀叉
F. 小费

xiě pīn yīn　xiě hàn zì
3 写拼音，写汉字

4 读一读，写一写

平 多 大 给 西 净 玩 洗 净 惯 看 手

小朋友们，你吃饭以前洗手吗？　常，你们用手做很　事情，到了吃饭的时候，你们应该先　手再吃饭。洗手是一个很好的生活习惯。如果不洗　，你会把不干净的东　吃到肚子里，然后会拉肚子。不干　的东西吃多了，你还会生病。生病以后，不能上课，不能出去跟小朋友　。去医院　病的时候，医生还会　你打针、让你吃药。所以你们从小就要有好的生活习　，在吃饭的时候先去把手洗干　。

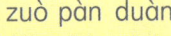

◆ 做判断

（　）吃了不干净的东西，不会拉肚子。
（　）吃饭以前洗手是一个好的生活习惯。
（　）生了病医生会让你吃药。

5 读拼音，写句子

一	丽	习	人	净	吃	在	家	小
常	干	平	很	总	惯	是	服	的
衣	里	饭						

Xiǎo Lì de yīfu píngcháng zǒngshì hěn gānjìng.

Xiǎo Lì yì jiā rén píngcháng xíguàn zài jiāli chīfàn.

第十二单元　森林里的朋友

第一课　跟老虎握手

Lesson 1　Shaking Hands with a Tiger

shú dú kè wén
1 熟读课文

有一天下午，我一个人到离家很远的森林里去玩。

我走进了森林，看见到处都是高大的树木。我还看见了小马、小羊和小牛，还有很多我从来都没见过的动物。一只狮子向我走过来了，它的头很大。它对我笑了笑，说："你好。"我也说："你好。"

一会儿，又跑过来两只老虎。这两只老虎都很胖，身上有黄色和黑色的毛。看到老虎，我有点害怕。老虎说："怕什么？我们是好朋友，我们不会吃你的。"我对老虎说："对不起，这是我第一次看见老虎。"老虎笑了，伸出它们毛茸(róng)茸的大爪子，跟我握了握手。

又过了一会儿，远处慢慢走来一只更大的动物，比狮子和老虎都大，就像一座大山一样。啊！这是一只恐龙！

我只在电影里看到过恐龙，现在见到真的恐龙，心里害怕极了，就大声叫起来："恐龙！恐龙！"

就在这时候，我听到妈妈喊我："小明！小明！你快醒醒！"我一下子睁开了眼睛，发现刚才的森林、狮子、老虎和恐龙全都不见了。我大声问妈妈："老虎和恐龙呢？"妈妈说："哪有什么老虎、恐龙啊！"这时候我才知道，原来我是在做梦呢！

mā ma wèn　wǒ lái dá
◆ 妈妈问，我来答

①森林在什么地方？　　　　　③小明看到的老虎是什么样子？
②小明怕不怕老虎？后来呢？　④在这个故事里，小明都看到了哪些动物？

zuò pàn duàn
◆ 做判断

（😊😦）小明的妈妈大声喊小明，因为她不知道小明为什么喊"恐龙"。
（😊😦）在梦里，小明跟老虎握了握手。
（😊😦）老虎对小明很友好。

Unit 12 Forest Friends

2 读一读，连一连
dú yi dú   lián yi lián

a.

① 跟老虎握手

② 跟狮子说话

d.

③ 骑在恐龙身上

b.

e.

④ 棕色的小马

⑤ 白色的山羊

c.

⑥ 绿色的森林

f.

dú yi dú　lián yi lián
读一读，连一连

a.

b.

c.

① 星期天，妈妈带我和弟弟到动物园去玩。

② 我想去看老虎，可是弟弟要去看狮子。

③ 老虎住在动物园的这边，可是狮子住在那边。怎么办呢？

④ 妈妈说："我们去树林里玩吧。"

⑤ 树林里到处都是高大的树木，地上还有很多很大的蛋。

⑥ 什么蛋这么大啊？妈妈说："这是恐龙蛋！"

d.

e.

f.

读一读,连一连

①就在我要骑到狮子身上的时候,我听到有人_____叫我的名字。

②学校来了个新朋友,小明_____手对他说:"你好!我叫小明!"

③早上六点,我_____眼睛的时候,天还没亮呢!

④昨天晚上,我_____了爷爷奶奶。我真想他们啊!

⑤爸爸_____去公园跑步的时候,看见了一只大老虎。

⑥我不敢跟恐龙_____,我怕它把我吃了。

A. 伸出
B. 握手
C. 睁开
D. 刚才
E. 梦见
F. 大声

3 写拼音,写汉字

奶 爷 身 候 早 识 林 步 像 国
欢 小 每 方 给 那 树 们

4 读一读，写一写

　　小云的爷□奶□虽然已经快七十岁了，可是他□的身体还非常健康。这是因为两个老人都喜欢锻炼□体。来到美□后，小云的爷爷奶奶还是□天都锻炼。早上，他们起得很□。小云家的南边有一个小树□，她的爷爷奶奶就每天跑□去小树林。在那里他们喜□听小鸟唱歌的声音。有时□，他们也会带一点面包□小鸟吃。时间长了，这些小鸟好像认□他们了。每当他们来到□林的时候，□些红色的小鸟都会飞过来，然后大声叫起来，好□在说："你们好！你□好！"

zuò pàn duàn
◆ 做 判 断

（😊😟）小云的爷爷奶奶常常去小树林听小鸟唱歌。
（😊😟）小云的爷爷奶奶带面包去树林，因为他们锻炼身体的时候会饿。
（😊😟）小树林的红色小鸟已经认识了小云的爷爷奶奶。

一	不	了	今	像	全	冬	冷	天	太	小
年	我	春	样	狗	疼	病	的	身	都	

5 读拼音,写句子

Wǒ de xiǎo gǒu bìng le, quánshēn dōu téng.

Jīnnián dōngtiān xiàng chūntiān yíyàng, bú tài lěng.

外研社海外中文学校系列教材

Fun with Chinese
新启蒙汉语

牟岭　　　李戎真　　　陈旻　　　刘凡　　编著
Ling Mu　　Rongzhen Li　　Min Chen　　Fan Liu

第四级　下册

bān jí
班 级（class）＿＿＿＿＿＿

xìng míng
姓 名（name）＿＿＿＿＿＿

练习册
Workbook

外语教学与研究出版社
FOREIGN LANGUAGE TEACHING AND RESEARCH PRESS
北京　BEIJING

图书在版编目(CIP)数据

新启蒙汉语第四级下册练习册=Fun with Chinese Level 4 Volume 2 Workbook. B / 牟岭等编著. —北京：外语教学与研究出版社，2010.6
（外研社海外中文学校系列教材）
ISBN 978-7-5600-9713-8

Ⅰ.①新… Ⅱ.①牟… Ⅲ.①汉语－对外汉语教学－习题 Ⅳ.①H195.4

中国版本图书馆CIP数据核字(2010)第106715号

出　版　人：于春迟
责　任　编　辑：许　杨
封　面　设　计：袁　璐
插　图　绘　制：北京水长流文化发展有限公司
出　版　发　行：外语教学与研究出版社
社　　　　　址：北京市西三环北路19号(100089)
网　　　　　址：http://www.fltrp.com
印　　　　　刷：北京华联印刷有限公司
开　　　　　本：889×1194　1/16
印　　　　　张：3.5
版　　　　　次：2010年7月第1版　2010年7月第1次印刷
书　　　　　号：ISBN 978-7-5600-9713-8
定　　　　　价：47.00元
　　　　　　　　$7.00 U.S.
　　　　　　　（练习册A+练习册B+MP3光盘一张）

＊　　＊　　＊

如有印刷、装订质量问题，请与出版社联系
联系电话：(010)61207896　电子邮箱：zhijian@fltrp.com
制售盗版必究　举报查实奖励
版权保护办公室举报电话：(010)88817519
物料号：197130001

前言

《新启蒙汉语》每册课本配有两本练习册，目的是在课堂练习的基础上，给学生提供更多的课外练习机会，帮助学生复习巩固拼音、生字、句段以及与课文有关的内容。

《新启蒙汉语》练习册分为A、B本。单数课的练习放在练习册A中，双数课的练习放在练习册B中。A、B本交替使用，保证每课的作业批改和完成不被中断。

练习册的主要板块有"读一读，连一连"、"偏旁练习"、"小作文"等。练习注重家长的参与，通过"妈妈问，我来答"等环节来实现孩子与家长的互动，因为课堂上短短的几个小时是不够的。家长扮演好辅导老师的角色，与孩子在生活中尽可能多地练习汉语，才能真正帮助孩子掌握这门语言。练习也注重贴近孩子的生活，每一课的短文多为编者原创，内容来源于孩子的实际生活，比如学校生活、参加海外华人社团的各种活动等。编写时充分考虑到孩子的认知特点。练习还注重反复操练课文中重点生字的读音和书写，因为频繁接触同一种语言材料能够加深理解和记忆。

各种练习形式和内容均是编者多年从事海外华裔孩子教学的经验所得。不过，由于编者经验有限，练习册中难免有疏漏不当之处，欢迎读者批评指正。

如需订购教材或获取更多有关《新启蒙汉语》系列教材的详细信息（比如教师指导手册、生字卡、拼音卡等资料），请登录www.NewChineseBooks.com。

编者

2010年5月

Preface

Aside from the main textbook, *Fun with Chinese* has two separate workbooks, which are designed to help reinforce what students have learned in class through profuse exercises.

The workbooks appear in two volumes, Workbook A and Workbook B, alternatively for every week so that teachers can conveniently collect and return homework on a weekly basis without disrupting the process.

The workbooks feature resourceful exercises, including reading-aloud practices, and Pinyin practices, to name some typical types.By providing a forum of "Questions and Answers" when parents play the role of tutors who read with their kids and ask them to retell stories, all the exercises will encourage close interactions between patents and children at home. We believe that young students can hardly sustain their language acquisition without active involvement of parents at home, who, in the end, are the most important teachers for their kids' success at the language.

Both the content and form of the exercises follow the principle of selecting common topics and subjects in children's daily life, such as names of common objects at home, daily activities at school, or frequent social outings within varied cultural contexts typical of the overseas Chinese communities.

Most of the texts in the workbooks, including children's ballads, stories, and sentences, were composed by authors themselves, according to children's learning habits, with a purpose to motivate students to describe things that they are already familiar with and to express ideas. Systematic reoccurence of characters and expressions in the workbooks help students to learn better through frequent exposures to the same vocabulary in diverse contexts.

We have done our best to make the new textbooks comprehensive and efficient for children in overseas Chinese schools, but we are sure there still must be something missing in the project. We would be grateful to get feedbacks and suggestions from all users.

To make an order or for more information about *Fun with Chinese*, please go to www.NewChineseBooks.com.

Compilers

May, 2010

目录

练习册 B

第七单元　圣诞快乐
Unit 7　Merry Christmas

第二课　特别的圣诞礼物　　6
Lesson 2　A Special Christmas Present

第八单元　回中国过春节
Unit 8　Celebrating the Spring Festival in China

第二课　在美国过年　　14
Lesson 2　Chinese New Year in America

第九单元　爸爸妈妈的节日
Unit 9　Mother's Day and Father's Day

第二课　给爸爸的礼物　　22
Lesson 2　A Gift for My Dad

第十单元　爷爷奶奶来美国了
Unit 10　Grandpa and Grandma Come to America

第二课　小丽的愿望　30
Lesson 2　Xiao Li's Wish

第十一单元　在美国的饭馆吃饭
Unit 11　Eating at an American Restaurant

第二课　爷爷奶奶吃不惯西餐　38
Lesson 2　Grandpa and Grandma Are not Used to American Food

第十二单元　森林里的朋友
Unit 12　Forest Friends

第二课　看到恐龙了　46
Lesson 2　I Saw a Dinosaur

第七单元 圣诞快乐

第二课　特别的圣诞礼物

Lesson 2　A Special Christmas Present

dú yi dú
1 读一读

◎ 朗读句子 (lǎng dú jù zi)

① 圣诞节下大雪。

② 我跟爸爸去公园滑雪。

Unit 7　Merry Christmas

③ 公园里有很多小树，跟我家的圣诞树一样。

④ 我们在一棵树旁边堆了一个大大的雪人。

⑤ 我让雪人背上我的书包。

⑥ 看！这就是我给雪人的圣诞礼物！

◎ 朗读短文

很早很早以前,有一个小孩子。他刚生下来,妈妈就死了。每天早上,他都自己起来做早饭,晚上自己上床睡觉。他常常生病,有的时候还发烧。别的孩子都比他高,身体也比他好。

圣诞节快到了,他想送给朋友们一些礼物,可是他没有钱买礼物,也不会自己做礼物。晚上,圣诞老人来了,问他想要什么礼物。他说:"我什么都不要!你可不可以教我怎么给我的朋友们做礼物?"圣诞老人说:"你真是个好孩子!来,我给你这些地球上最漂亮的礼物,你去送给你的朋友们吧!"

◆ 妈妈问,我来答

①你喜欢这个故事吗?为什么?
②这个小孩子为什么自己做早饭?晚上自己睡觉?
③他的身体好不好?为什么?
④这个小孩子想要什么礼物?

◆ 做判断

(　　) 这个小孩子从小就会做饭了。
(　　) 这个小孩子的身体比别的小朋友的身体都好。
(　　) 他想跟圣诞老人要很多钱买礼物。

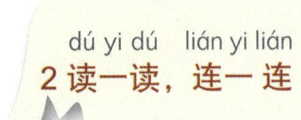

2 读一读，连一连
dú yi dú　lián yi lián

b.

a.

c.

① 小明给小丽的生日礼物是他自己画的一张画，上面有一棵圣诞树。

② 小明今天收到了爸爸给他买的生日礼物，是一个漂亮的玩具汽车。（jù）

③ 小丽家的圣诞树比我家的高得多，也漂亮得多。

d.

④ 今年圣诞节，小明的朋友们送给他很多礼物。

⑤ 爷爷奶奶不知道圣诞树是什么东西，我就给他们画了一棵。

e.

⑥ 圣诞节也是我妈妈的生日，我送给她一个生日蛋糕做礼物。

f.

读一读，连一连

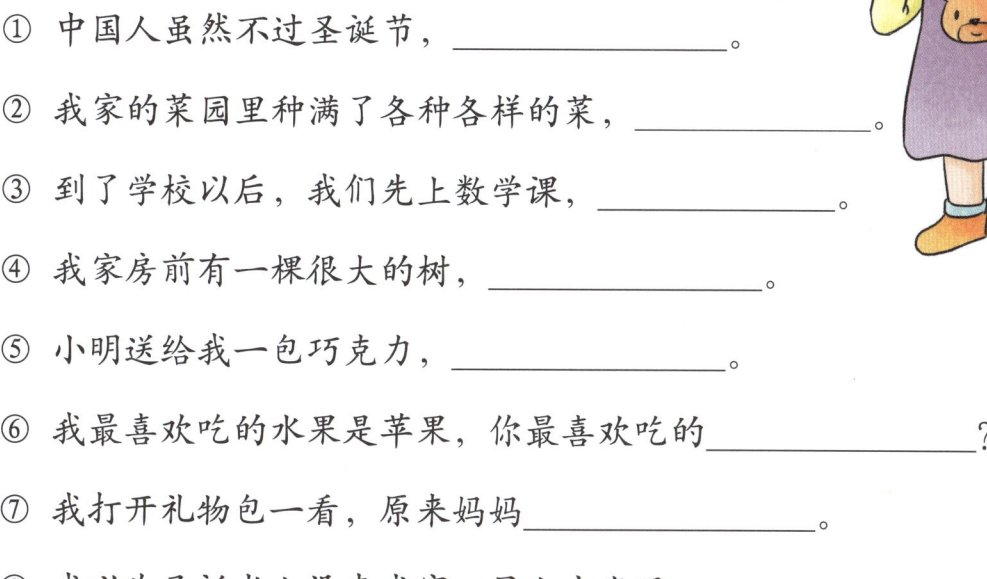

① 中国人虽然不过圣诞节，_____。

② 我家的菜园里种满了各种各样的菜，_____。

③ 到了学校以后，我们先上数学课，_____。

④ 我家房前有一棵很大的树，_____。

⑤ 小明送给我一包巧克力，_____。

⑥ 我最喜欢吃的水果是苹果，你最喜欢吃的_____?

⑦ 我打开礼物包一看，原来妈妈_____。

⑧ 我以为圣诞老人没来我家，早上才发现_____。

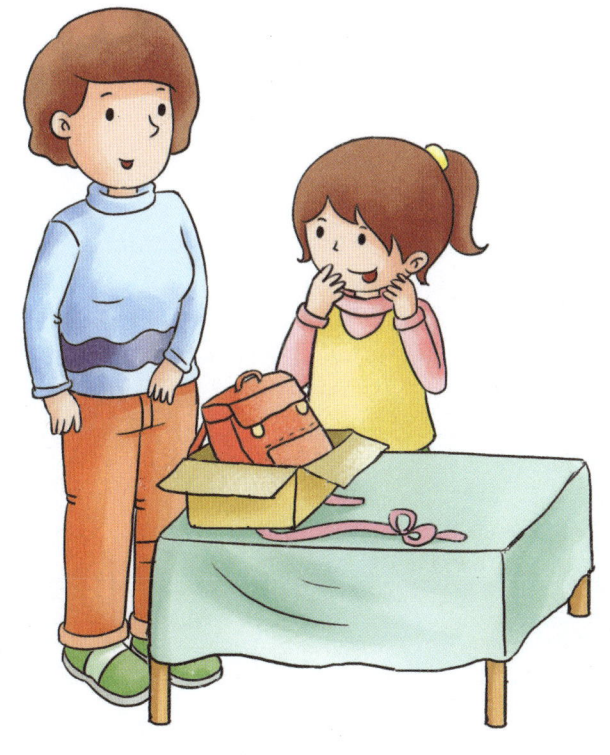

A. 那些大南瓜是我种的

B. 我常常爬到这棵树上玩

C. 然后上中文课

D. 他把礼物放在大袜子里了

E. 水果是什么

F. 我送给他一个大蛋糕

G. 送给我一个新书包

H. 可是他们也喜欢圣诞树

dú yi dú　lián yi lián
读一读，连一连

① 过年的时候，妈妈做了好多好吃的，也＿＿＿了很多客人。

② 小明做了一个漂亮的彩灯，＿＿＿在他家的门上。

③ 夏天就要来了，你＿＿＿到哪儿去玩？

④ 小丽放学回家以后，＿＿＿圣诞树下面多了两件礼物，她想，这一定是妈妈给我＿＿＿的礼物。

⑤ 开学的第一天，是妈妈开车＿＿＿我去的学校。

A. 准备
B. 买
C. 挂
D. 送
E. 发现
F. 请

piān páng liàn xí
3 偏旁练习

挂

This character reads＿＿＿．

The radical of the character is ☐．

The name of the radical is ＿＿＿．

The meaning of the radical is related to＿＿＿．

A. eyes
B. hand
C. heart

礼

This character reads＿＿＿．

The radical of the character is ☐．

The name of the radical is ＿＿＿．

The meaning of the radical is related to＿＿＿．

A. eating
B. doing
C. showing

4 读拼音，写句子 dú pīn yīn xiě jù zi

一	个	丽	了	写	前	喜	在	多
字	小	很	我	星	期	棵	欢	每
汉	种	都	门					

Xiǎo Lì zài mén qián zhòngle yì kē xiǎo shèngdànshù.

圣诞树。

Wǒ měi gè xīngqī dōu xiě hěn duō hànzì, wǒ xǐhuan xiě hànzì.

5 小作文 xiǎo zuò wén

① 你最喜欢什么节日？
② 这个节日是什么时候？
③ 人们过节的时候干什么？
④ 你为什么喜欢这个节日？

我最喜欢的节日

第八单元 回中国过春节

第二课 在美国过年

Lesson 2 Chinese New Year in America

^{dú yi dú}
1 读一读

◎ **朗读句子** (lǎng dú jù zi)

中国节日

美国节日

① 美国有很多节日，中国也有很多节日。

② 在美国我喜欢过圣诞节，在中国我喜欢过春节。

③ 每年的圣诞节，我都跟爸爸妈妈一起往圣诞树上挂彩灯。

④ 去年春节我是在北京跟爷爷奶奶一起过的。

Unit 8　Celebrating the Spring Festival in China

⑤ 我吃了很多好吃的肉,还收到了好几个大红包。

⑥ 我用红包里的钱买了很多彩灯。

⑦ 明年的圣诞节,我要把这些灯都挂在圣诞树上!

◎ 朗读短文

今年冬天,爷爷奶奶到我家来了。这是他们第一次来美国,也是第一次过圣诞节。爷爷奶奶说,他们在中国的时候不过圣诞节,只过春节。过春节的时候,全家人都要在一起吃饭,大人还会给小孩子礼物。我问爷爷奶奶是什么礼物,他们说:"不告诉你,等你回中国过春节的时候就知道了。"我把给爷爷奶奶的礼物放在圣诞树下面。圣诞节那天早上,他们打开我给他们的礼物一看——原来是两个红包,红包里面是我自己画的圣诞卡,我用汉字在卡上写着:"祝您圣诞节快乐!"

◆ 妈妈问,我来答

① 爷爷奶奶以前来过美国吗?
② 爷爷奶奶以前过过圣诞节吗?
③ 中国人过不过圣诞节?
④ 中国人怎么过春节?

◆ 做判断

(　) 这个小朋友给爷爷奶奶的红包里有很多钱。
(　) 爷爷奶奶在中国不过圣诞节。
(　) 在中国过春节,家家都去饭店吃饭。

2 读一读，连一连

a.

① 冬天虽然很冷，可是大街上还是有很多人。

② 我跟妈妈去商店买了很多饺子。

d.

b.

③ 奶奶每天晚上都做很多好吃的菜。

④ 叔叔的女朋友跟小丽一样漂亮。

e.

c.

⑤ 姑姑给了小丽一百块钱，让她去买书。

⑥ 小丽去商店里给小明买了一本中文书。

f.

dú yi dú　lián yi lián
读一读，连一连

① 我长大了想在_____里卖蛋糕，一边卖一边吃。

② 这个火车又大又长，能坐一千位_____。

③ 爸爸说，十几年前，就有人_____月球了。

④ 爸爸今天回来晚了，妈妈_____有点不高兴。

⑤ 去年圣诞节，有一个人在商店外面给走过的人_____礼物。

⑥ 妈妈_____着弟弟，_____着我的手，到商店去买东西。

A. 登上
B. 好像
C. 商店
D. 乘客
E. 拉
F. 背
G. 发

3 偏旁练习
piān páng liàn xí

姑

This character reads _____.

The radical of the character is ☐.

The name of the radical is _____.

The meaning of the radical is related to _____.

A. eyes

B. woman

C. person

诞

This character reads _____.

The radical of the character is ☐.

The name of the radical is _____.

The meaning of the radical is related to _____.

A. speech

B. doing

C. showing

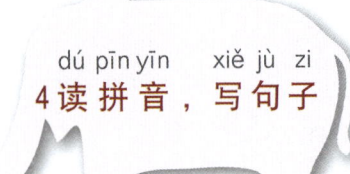

4 读拼音，写句子
dú pīn yīn xiě jù zi

一	中	书	了	候	几	去	回	国
好	妈	带	弟	我	手	拉	文	时
本	次	的	着	第				

Qù shāngdiàn de shíhou, māma lāzhe wǒ de shǒu, wǒ lāzhe dìdi de shǒu.

去 商店

Dì-yīcì huí Zhōngguó de shíhou, wǒ dàile hǎo jǐ běn Yīngwénshū.

英

5 小作文

① 晚会是在哪儿开的？什么时候开的？
② 这个晚会都有谁来了？
③ 妈妈做了什么饭？
④ 大家带来了什么东西？

爸爸妈妈的一次晚会

第九单元 爸爸妈妈的节日

第二课 给爸爸的礼物
Lesson 2　A Gift for My Dad

dú yi dú
1 读一读

◎ lǎng dú jù zi
朗 读 句 子

① 我的生日蛋糕是巧克力做的，既好吃又好看。

② 每天晚上睡觉前，妈妈都给我讲故事。

③ 小丽今天穿了一件蓝色的毛衣，很好看。

Unit 9　Mother's Day and Father's Day

④ 我送给妈妈的母亲节礼物是一双新鞋子。

⑤ 我很冷，小明就把他的帽子借给我了。

⑥ 爸爸送我的礼物我不喜欢。

◎ 朗读短文

今天是母亲节，小丽给妈妈买了一件绿色的毛衣。妈妈高兴极了！晚上睡觉的时候，妈妈对小丽说："今天，妈妈要给你讲一个妈妈小时候的故事。"

妈妈说，她小时候家里没有钱，她想要很多东西，可是都没有钱买。有一天，有一个小朋友穿了一件特别漂亮的毛衣。毛衣是绿色的，像春天的树叶一样绿，特别好看。妈妈很想要一件这样的毛衣，就回家问姥姥要。姥姥说："好吧！下个月妈妈就给你买一件！"

一个月过去了，有一天，姥姥下班的时候，真的给妈妈带回来一件特别漂亮的绿色毛衣！妈妈高兴极了，穿上新毛衣给姥姥看。姥姥看起来很高兴，可是也有点累。后来妈妈才知道，姥姥每天下班后又去帮别人做事，才有钱给妈妈买了这件毛衣。

◆ 妈妈问，我来答

①小丽给妈妈买了什么礼物？
②妈妈给小丽讲了什么故事？
③妈妈为什么特别喜欢绿色的毛衣？
④姥姥怎么给妈妈买了绿色的毛衣？

◆ 做判断

（ ☺ ☹ ）小丽给妈妈的礼物让妈妈很高兴。
（ ☺ ☹ ）妈妈小的时候，姥姥为了给妈妈买新毛衣，出去帮别人做事。
（ ☺ ☹ ）妈妈从小就喜欢绿色的毛衣。

2 读一读，连一连

dú yi dú　lián yi lián

a.

 e.

① 奶奶戴着眼镜

② 爷爷戴着帽子

b.

③ 爸爸穿着一件蓝毛衣

f.

④ 妈妈在给小丽讲故事

c.

⑤ 小明一家一起在商店买东西

⑥ 公园里的人有的打球，有的跑步

⑦ 我跟小丽借彩笔画画

d.

g.

读一读，连一连

① 商店里的人很多，有的买衣服，_____。

② 今天的作业很难，昨天的作业_____。

③ 爸爸给奶奶买了座大房子，感谢_____。

④ 收到小朋友们送给他的礼物，小叶高兴得_____。

⑤ 我不想一个人去游泳，我想跟_____。

⑥ 如果你的钱不够，你就先_____。

⑦ 今天是星期天，我们一家_____。

⑧ 这副眼镜真好看，是朋友送你的_____吗？

A. 奶奶把他养大

B. 有的买鞋子

C. 睡不着觉

D. 爸爸妈妈一起去

E. 比今天的容易一点

F. 打算开车去朋友家玩

G. 生日礼物

H. 跟同学借一点

dú yi dú　lián yi lián
读一读，连一连

① 我的钱不够买这本书，所以只好跟小明＿＿＿了三块钱。

② 我给你的卡片你＿＿＿了吗？上面的画是我自己画的！

③ 这张(zhāng)画画得真好看，请你给我们＿＿＿你是怎么画的。

④ 如果你天天看十个小时的电视，以后你就得＿＿＿眼镜了。

⑤ 虽然学写汉字不太＿＿＿，可是我还是很喜欢学。

⑥ 母亲节是孩子＿＿＿妈妈的节日。

A. 感谢
B. 收到
C. 容易
D. 借
E. 戴
F. 讲一讲

piān páng liàn xí
3 偏旁练习

护　This character reads＿＿＿＿＿．

The radical of the character is ☐．

The name of the radical is ＿＿＿＿＿．

The meaning of the radical is related to＿＿＿＿＿．

A. eyes
B. hand
C. heart

祝　This character reads＿＿＿＿＿．

The radical of the character is ☐．

The name of the radical is ＿＿＿＿＿．

The meaning of the radical is related to＿＿＿＿＿．

A. eating
B. doing
C. showing

4 读拼音，写句子

后	小	业	妈	给	子	个	明	做	始
很	作	吃	饭	孩	一	讲	了	开	作
完	好	的	听	故	事	晚			

Chīwán wǎnfàn hòu, Xiǎo Míng kāishǐ zuò zuòyè.

Māma gěi háizi jiǎngle yí gè hěn hǎotīng de gùshi.

①你妈妈最喜欢什么?
②它是什么颜色、什么样子的?
③你是怎么知道的?
④你最想送给妈妈什么礼物?

妈妈最喜欢的东西

第十单元　爷爷奶奶来美国了

第二课　小丽的愿望

Lesson 2　Xiao Li's Wish

1 读一读

◎ 朗 读 句 子

① 一到星期天，我们一家人就一起出去爬山。

② 一到海边，小明就开始跟小朋友们一起打球，高兴极了！

③ 小丽一有空就写汉字，现在她的中文越来越好了。

Unit 10　Grandpa and Grandma Come to America

④ 我们把小狗放在家里，因为带小狗去商店不太方便。

⑤ 以前，妈妈给小丽讲故事；现在，小丽喜欢自己看书读故事。

⑥ 小丽和爸爸妈妈一起开车去机场接爷爷奶奶。

◎ 朗读短文

小丽五岁的时候，爸爸妈妈想买个大点儿的房子。买个什么样的房子呢？爸爸妈妈想先问问小丽。小丽说："我喜欢大房子，而且离小明家越近越好！"爸爸妈妈又打电话问爷爷奶奶。爷爷奶奶说："我们觉得应该买个不大不小的房子，不过要离森林近一点，空气新鲜。"爸爸妈妈看了好几个房子，最后看中了一个，买了下来。小丽和爷爷奶奶都很高兴。

◆ 妈妈问，我来答

① 小丽家的房子是什么时候买的？
② 爸爸妈妈想要什么样的房子？
③ 小丽想要什么样的房子？
④ 爷爷奶奶觉得什么样的房子好？
⑤ 你觉得小丽的爸爸妈妈买的房子是什么样的？
⑥ 你现在住的房子怎么样？你喜欢吗？

◆ 做判断

（ 😊 ☹ ）小丽想要一个离小明家近的房子。
（ 😊 ☹ ）爸爸妈妈问小丽的时候，小丽已经十岁了。
（ 😊 ☹ ）离森林很远的地方，空气可能不太新鲜。

2 读一读，连一连
dú yi dú　lián yi lián

a.

① 坐飞机回中国

e.

② 去商店买东西

b.

③ 教爷爷说英文

f.

④ 跟奶奶一块儿看电视

⑤ 小明学做三明治

g.

⑥ 去农场骑马

⑦ 在草地上晒太阳

c.

d.

⑧ 去海边游泳

h.

dú yi dú　lián yi lián
读一读，连一连

① 去年夏天，小丽跟妈妈去北京，这是她_____。

② 因为每个星期都去中文学校，小丽的_____。

③ 爸爸妈妈刚来美国的时候，只会说_____。

④ 小明最喜欢玩电脑，一有空就_____。

⑤ 海边有很多人，有的人在游泳，_____。

⑥ 最近几个月，一到周末，我就跟朋友们_____。

⑦ 我希望再去一次中国，可是妈妈_____。

⑧ 因为我听不懂日文，所以我_____。

A. 中文越来越好了

B. 一点简单的英文

C. 玩电脑游戏

D. 有的人在晒太阳

E. 第一次回中国

F. 没时间带我去

G. 不想去日本

H. 一起去公园跑步

**dú yi dú　lián yi lián
读一读，连一连**

① 谁说我听不懂中文？我不但_____，而且还会说中文呢！

② 我家只有一个孩子，我真_____有个姐姐，可以跟我一起玩。

③ 冬天来了，天气_____冷了。

④ 昨天的菜不_____了，妈妈说不能吃了。

⑤ 我真希望妈妈_____年轻、漂亮。

⑥ 去海边_____是我妈妈最喜欢做的事，可是爸爸只喜欢游泳。

A. 希望
B. 永远
C. 越来越
D. 晒太阳
E. 新鲜
F. 听得懂

**piān páng liàn xí
3 偏 旁 练 习**

烛

This character reads _____.

The radical of the character is ☐.

The name of the radical is _____.

The meaning of the radical is related to _____.

A. earth
B. fire
C. ice

满

This character reads _____.

The radical of the character is ☐.

The name of the radical is _____.

The meaning of the radical is related to _____.

A. eating
B. cloth
C. water

35

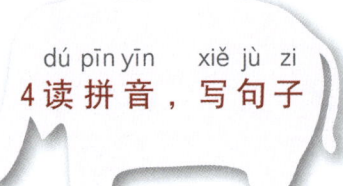

4 读拼音，写句子
dú pīn yīn　xiě jù zi

了　会　写　去　多　天　妈　字　学　师
开　很　我　接　教　校　每　汉　老　车

Lǎoshī jiāo wǒ xiě hànzì, wǒ huì xiě hěn duō hànzì le.

Māma měi tiān kāichē qù xuéxiào jiē wǒ.

5 小作文

① 爷爷奶奶长什么样子？你喜不喜欢他们？
② 你跟他们在一起都做什么了？
③ 你们说中文还是英文？
④ 爷爷奶奶喜欢做什么？不喜欢做什么？

跟爷爷奶奶在一起的日子

第十一单元　在美国的饭馆吃饭

第二课　爷爷奶奶吃不惯西餐

Lesson 2　Grandpa and Grandma Are not Used to American Food

1 读一读（dú yi dú）

◎ 朗读句子（lǎng dú jù zi）

① 我喜欢吃中国饭，可是我只喜欢吃地道的中国饭。

② 昨天晚上妈妈做的是南瓜饭，甜甜的真好吃。

③ 周末我们总出去吃海鲜。哥哥喜欢吃鱼，我喜欢吃虾。

Unit 11 Eating at an American Restaurant

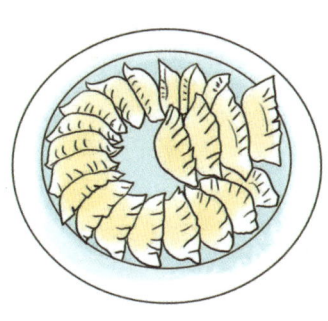

④ 吃饺子不能用刀叉，吃牛排的时候才用刀叉。

⑤ 这个饭馆又干净，服务又好。

妈妈做的饭比饭馆做的还好吃

⑥ 我妈妈做的饭比饭馆做的还好吃。

lǎng dú duǎn wén
◎ 朗读短文

昨天晚上，小丽和爸爸妈妈、爷爷奶奶一起去朋友小东家玩。小东的爷爷奶奶最近也从北京来了，在家里整天没事干，想找人说说话。小丽的爷爷奶奶来了一个月了，纽约也去过了，海边也玩过了，连离家不远的那座小山，都爬了好几次了。虽然家里有中文的电视节目，他们还是觉得没意思，没有北京热闹。这次去小东家玩，他们很高兴，在家里准备了两三个菜，带到了小东家。

小东的爷爷奶奶跟小丽的爷爷奶奶年纪差不多，身体也很好。四个老人见了面，别提多高兴了！大家一边包饺子，一边说话。吃完饭，爷爷奶奶们接着说话，爸爸妈妈们看电视，小丽和小东开始玩电脑游戏。晚上回家的时候，爷爷奶奶说，下个周末还一起吃饭。不过，下次是在小丽家！

mā ma wèn　wǒ lái dá
◆ 妈妈问，我来答
① 小东的爷爷奶奶是从哪儿过来的？
② 小东的爷爷奶奶觉得美国的生活怎么样？
③ 小丽的爷爷奶奶来美国多长时间了？
④ 小丽的爷爷奶奶在美国去了什么地方？

zuò pàn duàn
◆ 做判断

（😊☹️）小丽的爷爷奶奶昨天在小丽家和小东的爷爷奶奶说话。
（😊☹️）小丽的爷爷奶奶和小东的爷爷奶奶见了面好像有很多话要说。
（😊☹️）下个星期，小东的爷爷奶奶可能会到小丽家去。

dú yi dú　lián yi lián
2 读一读，连一连

① 爷爷奶奶最喜欢的事是到海边游泳、晒太阳。

② 爷爷每天睡觉以前都给小丽讲故事。

③ 奶奶不喜欢吃牛排，也用不惯刀叉。

④ 爷爷奶奶坐了十几个小时的飞机才到纽约。

⑤ 早上六点钟，爷爷就出去跟爸爸学开车了。

⑥ 奶奶包了两种饺子，一种是鸡肉的，另一种是青菜鸡蛋的。

a.

b.

c.

d.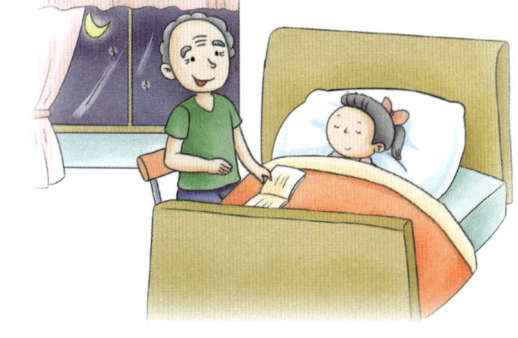

e.

f.

dú yi dú　lián yi lián
读一读，连一连

① 爸爸每年都回中国。_____。

② 我去过纽约两次。一次是去玩，_____。

③ 妈妈最喜欢喝白开水，_____。

④ 这个菜虽然不太好看，_____。

⑤ 因为早睡早起对身体好，_____。

⑥ 我们家有两只小动物，_____。

⑦ 虽然北方菜很好吃，_____。

⑧ 爸爸没有妈妈游泳游得快，_____。

A. 另一次是去吃中国饭

B. 可乐和汽水她都喝不惯

C. 可是吃起来特别香

D. 他在中国的时候，妈妈每天都给他打电话

E. 一只是小狗，另一只是小兔子

F. 所以以后你最好早点睡觉

G. 可是妈妈是南方人，一点都吃不惯

H. 可是他比妈妈开车开得快多了

dú yi dú　lián yi lián
读一读，连一连

① 这种彩笔跟我以前用的不一样，我_____。

② 爸爸说，上海菜跟山西菜不一样。上海菜很_____，山西菜很_____。

③ 在北京吃饭不用给_____。

④ 爷爷奶奶平常都吃中国饭，牛排这样的菜他们_____。

⑤ 这个蛋糕_____又香又甜，我真想再吃两块儿。

A. 吃不惯
B. 吃起来
C. 酸
D. 甜
E. 小费
F. 用不惯

piān páng liàn xí
3 偏旁练习

净　This character reads_____.
　　The radical of the character is ▢.
　　The name of the radical is _____.
　　The meaning of the radical is related to_____.

A. earth
B. fire
C. ice

澡　This character reads_____.
　　The radical of the character is ▢.
　　The name of the radical is _____.
　　The meaning of the radical is related to_____.

A. eating
B. cloth
C. water

4 读拼音，写句子

东	他	吃	喜	奶	学	家	很	我
最	校	欢	爷	甜	的	去	西	从
近	远	不

Cóng wǒ jiā qù xuéxiào hěn jìn, qù tā jiā hěn yuǎn.

Yéye nǎinai zuì bù xǐhuan chī tián de dōngxi.

5 小作文

① 以前你的中文好不好?
② 你常常给爷爷打电话吗?为什么?
③ 你为什么要学中文?
④ 爷爷是怎么教你学中文的?
⑤ 现在你的中文怎么样?

爷爷教我学中文

第二课 看到恐龙了

Lesson 2 I Saw a Dinosaur

dú yi dú
1 读一读

lǎng dú jù zi
◎ 朗 读 句 子

① 我爷爷奶奶住的地方到处都是树林。

② 老虎身上有黑色和黄色的毛，好看极了。

③ 有的恐龙像一座山那么大；有的恐龙很小，还有翅膀。

Unit 12　Forest Friends

④ 我握了握老虎毛茸茸的大爪子，我们成了好朋友。

⑤ 一只高大的狮子从远处慢慢走过来，好像一座会走路的小山。

⑥ 我每天晚上都做梦。有时候梦见去滑雪，有时候梦见开飞机。

47

◎ 朗读短文

昨天晚上,我做了一个梦。我梦见自己变成了一只大老虎。别的老虎都是黄色的,可是我是绿色的。我住在森林里。森林里到处都是绿色的树,跟我的颜色一样,所以,别的动物常常看不见我。有一天下午,我正在睡午觉,一只小鸟飞过来了。它飞到我身上,开始吃南瓜的种子。我也很想吃,就对小鸟说:"你好,你能不能给我一粒啊……"还没说完,小鸟就害怕了,张开翅膀飞走了。

◆ 妈妈问,我来答

① 这个小朋友做了个什么样的梦?
② 梦里的老虎和别的老虎一样吗?
③ 为什么别的动物看不见这只老虎?
④ 小鸟飞到了什么地方?
⑤ 后来,小鸟为什么飞走了?
⑥ 你喜欢这个故事吗?你想不想变成一只老虎?

◆ 做判断

(☺☹)小鸟没有看出来它站在了老虎身上。
(☺☹)森林的颜色和这只老虎的颜色是一样的。
(☺☹)在这个梦里,所有的老虎的颜色都是一样的。

dú yi dú　lián yi lián
2 读一读，连一连

a.

① 老虎正在吃饭，一只狮子走了过来。

d.

② 看到恐龙的时候，我害怕极了！

e.

b.

③ 我家的小猫长得像只小老虎。

④ 森林里到处都是高大的树木。

⑤ 我爸爸的屋子里到处都是书。

f.

⑥ 狮子可怕，恐龙更可怕。

c.

dú yi dú lián yi lián
读一读，连一连

① 这是我第一次看见恐龙，_____。

② 森林里到处都是小鸟，_____！

③ 老虎伸出毛茸茸的大爪子，_____。

④ 我从来没去过森林，_____。

⑤ 恐龙是我见过的最大的动物，_____。

⑥ 我正在睡觉，_____。

⑦ 我醒来的时候才知道，_____！

⑧ 要是你不去森林，_____。

A. 跟我握了握手

B. 所以不知道森林是什么样子

C. 所以有点害怕

D. 飞来飞去，好看极了

E. 听到有人叫我的名字，就醒了

F. 原来我刚才在做梦呢

G. 你就看不到大老虎

H. 就像一座小山一样

dú yi dú lián yi lián
读一读，连一连

①我小的时候，_____跟不认识的人说话。

②怪不得他的中文说得那么好，_____他在中国生活过五年！

③有一天他看到一个像大山一样高的人，可是_____眼睛一看，才知道刚才是在_____。

④我伸出我的手，小狗_____他的爪子，我们握了握手。

⑤你写字的时候，要这样_____住你的笔。

A. 害怕
B. 握
C. 睁开
D. 原来
E. 伸出
F. 做梦

piān páng liàn xí
3 偏 旁 练 习

林

This character reads_____.

The radical of the character is ☐.

The name of the radical is _____.

The meaning of the radical is related to_____.

A. earth

B. fire

C. wood

喊

This character reads_____.

The radical of the character is ☐.

The name of the radical is _____.

The meaning of the radical is related to_____.

A. mouth

B. hand

C. person

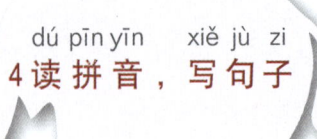

4 读拼音，写句子

| 一 | 不 | 也 | 了 | 体 | 原 | 发 | 在 | 多 | 大 |
| 好 | 家 | 我 | 来 | 现 | 笑 | 身 | 进 | 都 | |

Wǒ yí jìnlái, fāxiàn dàjiā dōu zài xiào, wǒ yě xiào le.

Wǒ yuánlái shēntǐ bù hǎo, xiànzài shēntǐ hǎo duō le.

xiǎo zuò wén
5 小 作 文

① 这个动物园有多大？在哪儿？都有些什么动物？
② 你最喜欢什么动物？
③ 什么动物最大？什么动物最小？
④ 它们是什么颜色的？
⑤ 它们喜欢吃什么东西？

我最喜欢的动物园